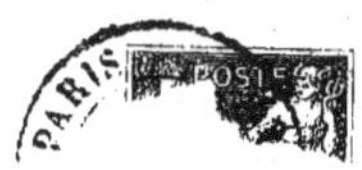

VENTE

DE

Feu A. GUILLEMIN

V^{ce} RENOU, MAULDE et COCK

IMPRIMEURS DE LA COMPAGNIE DES COMMISSAIRES-PRISEURS

Rue de Rivoli, 144

CATALOGUE

DE

TABLEAUX

PAR

Feu Alexandre GUILLEMIN

DONT LA VENTE AURA LIEU

HOTEL DROUOT, SALLE N° 3

Le Vendredi 8 Avril 1881

A DEUX HEURES

EXPOSITION PUBLIQUE

Le Jeudi 7 Avril 1881, de une heure à cinq heures

Me Henri LECHAT	M. P. DETRIMONT
COMMIS^{re}-PRISEUR	EXPERT
Rue Baudin, 6 (square Montholon)	Rue Laffitte, n° 27

CHEZ LESQUELS SE DISTRIBUE LE CATALOGUE.

PARIS — 1881

CONDITIONS DE LA VENTE

—

Elle aura lieu au comptant.

Les Acquéreurs paieront CINQ POUR CENT, en sus du prix d'adjudication.

DÉSIGNATION

1 — Notre-Dame-d'Aragon.

H. 62 c. L. 50 c. — 2280

2 -- La Maripoza (le Papillon).

H. 40 c. L. 33 c. — 980

3 — L'Improvisateur aragonais. ——— 2010

4 — Le Repos.

H. 56 c. L. 45 c. — 500

5 — Danse aragonaise.

H. 65 c. L. 81 c. — 1010

6 — Le Retour du marché.

H. 55 c. L. 73 c. — 490

7 — Jeune Bretonne dans son intérieur.

H. 35 c. L. 27 c. — 650

8 — Les Femmes et le Secret.

H. 62 c. L. 51 c. — 375

9 — Un beau Rêve.

H. 40 c. L. 32 c. — 700

10 — Dépicage (Aragon).

H. 32 c. L. 40 c. — 800

11 — La première Grappe.

H. 45 c. L. 37 c. — 910

12 — Chez le Perruquier béarnais.

H. 45 c. L. 55 c. — 420

13 — Repas dans une famille navarraise.

H. 50 c. L. 60 c. — 500

14 — La Leçon de musique.

H. 45 c. L. 37 c. — 335

23 — La Leçon de tricot.

H. 32 c. L. 24 c. — 415

24 — Un Pêcheur de homards à Grandcamp. — 230

H. 35 c. L. 26 c.

25 — Les Moulières à Port-en-Bessin.

H. 24 c. L. 32 c. — 240

26 — Les Veuves.

H. 27 c. L. 22 c. — 85

27 — Les Vanneuses d'Osseaux (Béarn).

H. 27 c. L. 22 c. — 200

28 — Gil de Bretagne.

H. 41 c. L. 32 c. — 115

29 — Dépicage dans le Béarn.

H. 16 c. L. 21 c. — 170

30 — La Lecture de la Bible.

H. 36 c. L. 27 c. — 500

31 — Une Pêcheuse de crevettes à Grandcamp.

32 — Les Bleus passent!

H. 22 c. L. 27 c.

33 — La Cueillette des moules à Port (Calvados).

H. 27 c. L. 21 c.

34 — Sancho Pança.

H. 19 c. L. 27 c.

35 — La Descente de la Montagne (Béarn).

H. 24 c. L. 19 c.

36 — Le Retour des moulières.

H. 19 c. L. 27 c.

37 — L'Hospitalité béarnaise.

H. 21 c. L. 27 c.

38 — Contrebandier aragonais.

H. 24 c. L. 19 c.

39 — Retour des moissonneurs (Aragon). —100

H. 16 c. L. 21 c.

40 — La Toilette. —105

H. 32 c. L. 24 c.

41 — Amour filial. —970

H. 42 c. L. 32 c.

42 — Jeune Aragonaise. —85

H. 28 c. L. 22 c.

43 — Parc à Cancale. —85

H. 19 c. L. 32 c.

44 — Intérieur normand. —560

H. 26 c. L. 32 c.

45 — Pleine mer. —50

H. 20 c. L. 26 c.

46 — Intérieur de vieille église à Chevreuse. —150

H. 34 c. L. 24 c.

47 — Étude de cheval.

H. 24 c. L. 32 c.

48 — Bord de mer à Cancale.

H. 17 c. L. 26 c.

49 — Phare de Benodet.

H. 17 c. L. 26 c.

50 — Phare de Cancale.

H. 17 c. L. 26 c.

51 — Un Sablier à Portrieux.

H. 18 c. L. 26 c.

52 — Bateaux à Cancale.

H. 21 c. L. 32 c.

53 — Port de Portrieux.

H. 14 c. L. 26 c.

54 — La Falaise de Portrieux.

H. 14 c. L. 26 c.

55 — Au bord de la Marne.

H. 15 c. L. 23 c.

56 — Paysanne de Léon (Espagne).

H. 27 c. L. 35 c.

57 — Falaise de Bretagne.

H. 17 c. L. 26 c.

58 — La Cerise.

H. 08 c. L. 07 c.

59 — Un Sablier.

H. 27 c. L. 34 c.

60 — Falaise de la Comtesse, à Portrieux.

H. 24 c. L. 35 c.

61 — Rocher de Cancale.

H. 27 c. L. 34 c.

62 — Le beau Rêve.

63 — Pêcheuses de crevettes à Cailleux.

H. 17 c. L. 22 c.

64 — Nourrice aragonaise.

H. 32 c. L. 24 c.

65 — Béarnaise.

H. 27 c. L. 21 c.

66 — Côtes de Bretagne.

H. 21 c. L. 26 c.

67 — Pêcheurs de crevettes.

H. 22 c. L. 27 c.

68 — Pêcheurs bretons.

H. 13 c. L. 17 c.

69 — Mariée aragonaise.

H. 35 c. L. 26 c.

70 — Paysan des Asturies.

H. 35 c. L. 26 c.

71 — Une Laitière à Storga (Asturies).   — 105

H. 35 c. L. 26 c.

72 — Intérieur normand.

H. 32 c. L. 26 c. — 655

73 — Copie d'après Delacroix.

H. 32 c. L. 41 c. — 185

74 — Copie d'après Delacroix.

H. 32 c. L. 41 c. — 65

75 — Un Pâtre.

H. 25 c. L. 37 c. — 105

76 — Les deux Perroquets.   — 300

Aquarelle.

77 — Paysans bretons.

Deux dessins au crayon noir rehaussé. — 50

TABLEAUX PAR DIVERS

Composant la Collection de feu GUILLEMIN

BELLY (L.)

78 — Étude.   — 61

H. 25 c. L. 37 c.

BRISSOT

79 — Mare aux vaches.   — 280

H. 20 c. L. 27 c.

CICÉRI

80 — Souvenir d'Italie.   — 175

H. 16 c. L. 22 c.

COUTURE

81 — La Robe de Joseph.

H. 21 c. L. 26 c.

FROMENTIN

82 — Campement arabe.

H. 14 c. L. 30 c.

GIROUX (ACHILLE)

83 — Chevaux de halage.

H. 16 c. L. 30 c.

HERVIER

84 — Près de Lille.

H. 29 c. L.

PALIZZI

85 — Troupeau de moutons. — 300

H. 21 c. L.

ROUSSEAU (Th.)

86 — Etude. — 405

H. 20 c. L. 32 c.

STEVENS (J.)

87 — Chiens. — 195

H. 20 c. L. 16 c.

TROYON

88 — Forêt de Fontainebleau. — 660

H. 26 c. L. 36 c.

TROYON

89 — Étude (près Fontainebleau).

H. 19 c. L. 23 c.

TROYON

90 — Etude (Sous-bois).

H. 17 c. L. 20 c.

TROYON

91 — Étude (Clairière).

H. 19 c. L. 24 c.

COSTUMES

92 — Robe de chamelier de l'Asie (ancienne).

93 — Costume Louis XV en velours violet, complet (ancien).

94 — Costume Louis XV en velours épinglé gris, complet (ancien).

95 — Costume Louis XV en velours noir, complet (ancien).

96 — Costume Louis XVI en soie brodée, complet (ancien).

97 — Une Cape de femme béarnaise Louis XIII (ancienne).

COSTUMES BRETONS

98-99 — Deux Costumes de femme de Quimper (anciens).

100 — Un Costume de fillette du Faouet.

101 — Un Costume de Pont-Avesnes.

102 — Un Costume de fillette.

103 — Un Costume de garçonnet.

104 — Un Costume de femme de Quimper (ancien).

105-106 — Deux Costumes d'hommes.

107 — Un Costume d'homme du Faouet.

COSTUMES BÉARNAIS

108 — Un Costume de femme (ancien).

109-110— Deux Costumes de femmes (Vallée d'Osseaux)

111-115 — Cinq Costumes d'hommes (Vallée d'Osseaux).

—

COSTUMES ARAGONAIS

116 — Un Costume de femme.

117-119 — Trois Costumes d'hommes.

—

COSTUMES NAVARRAIS

120-121 — Deux Costumes de femmes.

122 — Un Costume de fillette.

123-124 — Deux Costumes d'hommes.

—

125 — Un Costume de marin de Valence.

126 — Un Tapis ancien, mesurant 5^m sur 3^m 50.

———

127 — Tapisseries anciennes.

———

128-129 — Deux Tableaux anciens.

———

130-133 — Quatre Bronzes de Barye (anciens).
134 — Un Bronze de Rosa-Bonheur

———

135-136 — Deux Chevalets d'atelier.

———

137 — Trois Mannequins, dont un grand de femme et
deux d'enfants.

V^{ce} Renou, Maulde et Cock, impr^e de la Compagnie des Commissaires-Priseurs,
rue de Rivoli, 144.   16286